My First

100

Croatian Words

Mama

Mum

Tata

Dad

Sestra

Sister

Brat

Brother

Baka
Grandma

Deda
Grandpa

Tetka
Aunt

Ujak
Uncle

PRIRODA

Nebo
Sky

Drvo
Tree

Mjesec
Moon

More
Sea

ŽIVOTINJE

Pas

Dog

Mačka

Cat

Konj

Horse

Ptica

Bird

ŽIVOTINJE

Kunić

Rabbit

Majmun

Monkey

Medvjed

Bear

Lisica

Fox

ŽIVOTINJE

Riba

Fish

Svinja

Pig

Lav

Lion

Krava

Cow

PITI

Voda
Water

Sok od naranče
Orange juice

Mlijeko
Milk

Sok od jabuke
Apple juice

JESTI

Piletina
Chicken

Sir
Cheese

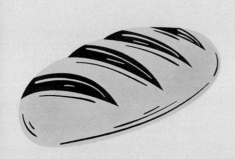

Kruh
Bread

Pomfrit
French fries

POVRĆE

Mrkva
Carrot

Rajčica
Tomato

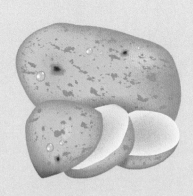

Krumpir
Potato

Salata
Salad

DESERTI

Čokolada
Chocolate

Torta
Cake

Bombon
Candy

Sladoled
Ice Cream

VOĆE

Jabuka

Apple

Banana

Banana

Trešnja

Cherry

Jagoda

Strawberry

TIJELO

Glava
Head

Šaka
Hand

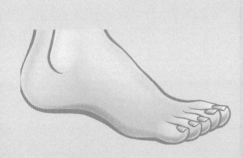

Noga
Foot

Ruka
Arm

Uho

Ear

Oči

Eyes

Usta

Mouth

Nos

Nose

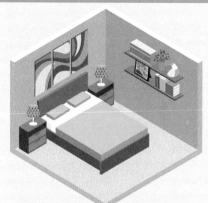

Spavaća soba
Bedroom

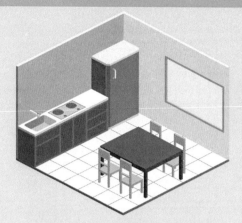

Kuhinja
Kitchen

Kupaonica
Bathroom

Zahod
Toilets

Prozor
Window

Vrata
Door

Dnevna soba
Living room

Vrt
Garden

KUĆA

Računalo
Computer

Telefon
Phone

Knjiga
Book

Kauč
Couch

SPAVAĆA SOBA

Krevet
Bed

Plišana igračka
Plush

Stolica
Chair

Noćna svjetiljka
Night Lamp

ODJEĆA

Hlače

Pants

Haljina

Dress

Košulja

Shirt

Cipele

Shoes

IGRAČKE

Jednorog
Unicorn

Lopta
Ball

Bicikl
Bike

Vlak
Train

ŠKOLA

Učiteljica

Teacher

Prijatelju

Friend

Bilježnica

Workbook

Olovka

Pencil

ZABAVITI SE

Igrati

To play

Pjevati

To sing

Trčati

To run

Crtati

To draw

IGRALIŠTE

Ljuljačka

Swing

Tobogan

Slide

Dvorac

Castle

Nogomet

Football (soccer)

POSAO

Kuharstvo

Cook

Policajac

Policeman

Poljoprivrednik

Farmer

Lijecnik

Doctor

VOZILA

Automobil
Car

Kamion
Truck

Zrakoplov
Plane

Čamac
Boat

KUKCI

Vretenca

Dragonfly

Pčela

Bee

Leptir

Butterfly

Bubamara

Ladybug